Great Works Instructional Guides for Literature

Gracias a Winn-Dixie

A guide for the Spanish version of the novel by Kate DiCamillo
Great Works Author: Tracy Pearce

SHELL EDUCATION

Publishing Credits

Corinne Burton, M.A.Ed., *Publisher*; Conni Medina, M.A.Ed., *Managing Editor*; Emily R. Smith, M.A.Ed., *Content Director*; Robin Erickson, *Production Director*; Lee Aucoin, *Senior Graphic Designer*; Jill K. Mulhall, M.Ed., *Editor*; Caroline Gasca, M.S.Ed., *Editor*; Stephanie Bernard, *Associate Editor*; Sam Morales, M.A., *Associate Editor*; Don Tran, *Graphic Designer*; Sandy Qadamani, *Graphic Designer*

Image Credits

Shutterstock (cover, page 1, 12, 22, 29, 51, 61); Timothy J. Bradley (page 28)

Standards

© Copyright 2010. National Governors Association Center for Best Practices and Council of Chief State School Officers. All rights reserved.

Shell Education
5301 Oceanus Drive
Huntington Beach, CA 92649-1030
www.tcmpub.com/shell-education
ISBN 978-1-4258-1755-8
© 2018 Shell Educational Publishing, Inc.

The classroom teacher may reproduce copies of materials in this book for classroom use only. The reproduction of any part for an entire school or school system is strictly prohibited. No part of this publication may be transmitted, stored, or recorded in any form without written permission from the publisher.

Table of Contents

How to Use This Literature Guide 4
    Theme Thoughts 4
    Vocabulary 5
    Analyzing the Literature 6
    Reader Response 6
    Guided Close Reading 6
    Making Connections 7
    Story Elements 7
    Culminating Activity 8
    Comprehension Assessment 8
    Response to Literature 8

Correlation to the Standards 8
    Purpose and Intent of Standards 8
    How to Find Standards Correlations 8
    Standards Correlation Chart 9

About the Author—Kate DiCamillo 11
    Possible Texts for Text Comparisons 11
    Cross-Curricular Connection 11

Book Summary of *Because of Winn-Dixie* 12
    Possible Texts for Text Sets 12

Pre-Reading Theme Thoughts 13

Teacher Plans and Student Pages 13
    Section 1: Chapters 1–5 14
    Section 2: Chapters 6–10 23
    Section 3: Chapters 11–15 32
    Section 4: Chapters 16–20 42
    Section 5: Chapters 21–26 53

Post-Reading Activities 63
    Post-Reading Theme Thoughts 63
    Culminating Activity: The Importance of Characters 64
    Culminating Activity: Planning a Party 65
    Comprehension Assessment 66
    Response to Literature: The Summer of Winn-Dixie 68

Answer Key 71

Introduction

How to Use This Literature Guide

Today's standards demand rigor and relevance in the reading of complex texts. The units in this series guide teachers in a rich and deep exploration of worthwhile works of literature for classroom study. The most rigorous instruction can also be interesting and engaging!

Many current strategies for effective literacy instruction have been incorporated into these instructional guides for literature. Throughout the units, text-dependent questions are used to determine comprehension of the book as well as student interpretation of the vocabulary words. The books chosen for the series are complex and are exemplars of carefully crafted works of literature. Close reading is used throughout the units to guide students toward revisiting the text and using textual evidence to respond to prompts orally and in writing. Students must analyze the story elements in multiple assignments for each section of the book. All of these strategies work together to rigorously guide students through their study of literature.

The next few pages describe how to use this guide for a purposeful and meaningful literature study. Each section of this guide is set up in the same way to make it easier for you to implement the instruction in your classroom.

Theme Thoughts

The great works of literature used throughout this series have important themes that have been relevant to people for many years. Many of the themes will be discussed during the various sections of this instructional guide. However, it would also benefit students to have independent time to think about the key themes of the book.

Before students begin reading, have them complete the *Pre-Reading Theme Thoughts* (page 13). This graphic organizer will allow students to think about the themes outside the context of the story. They'll have the opportunity to evaluate statements based on important themes and defend their opinions. Be sure to keep students' papers for comparison to the *Post-Reading Theme Thoughts* (page 63). This graphic organizer is similar to the pre-reading activity. However, this time, students will be answering the questions from the point of view of one of the characters in the book. They have to think about how the character would feel about each statement and defend their thoughts. To conclude the activity, have students compare what they thought about the themes before they read the book to what the characters discovered during the story.

How to Use This Literature Guide (cont.)

Vocabulary

Each teacher reference vocabulary overview page has definitions and sentences about how key vocabulary words are used in the section. These words should be introduced and discussed with students. Students will use these words in different activities throughout the book.

On some of the vocabulary student pages, students are asked to answer text-related questions about vocabulary words from the sections. The following question stems will help you create your own vocabulary questions if you'd like to extend the discussion.

- ¿De qué manera esta palabra describe la personalidad de _____ ?
- ¿De qué manera esta palabra se relaciona con el problema del cuento?
- ¿De qué manera esta palabra te ayuda a comprender el escenario?
- Dime de qué manera esta palabra se relaciona con la idea principal del cuento.
- ¿Qué imágenes te trae a la mente esta palabra?
- ¿Por qué crees que la autora usó esta palabra?

At times, you may find that more work with the words will help students understand their meanings and importance. These quick vocabulary activities are a good way to further study the words.

- Students can play vocabulary concentration. Make one set of cards that has the words on them and another set with the definitions. Then, have students lay them out on the table and play concentration. The goal of the game is to match vocabulary words with their definitions. For early readers or language learners, the two sets of cards could be the words and pictures of the words.

- Students can create word journal entries about the words. Students choose words they think are important and then describe why they think each word is important within the book. Early readers or English language learners could instead draw pictures about the words in a journal.

- Students can create puppets and use them to act out the vocabulary words from the stories. Students may also enjoy telling their own character-driven stories using vocabulary words from the original stories.

Introduction

How to Use This Literature Guide (cont.)

Analyzing the Literature

After you have read each section with students, hold a small-group or whole-class discussion. Provided on the teacher reference page for each section are leveled questions. The questions are written at two levels of complexity to allow you to decide which questions best meet the needs of your students. The Level 1 questions are typically less abstract than the Level 2 questions. These questions are focused on the various story elements, such as character, setting, and plot. Be sure to add further questions as your students discuss what they've read. For each question, a few key points are provided for your reference as you discuss the book with students.

Reader Response

In today's classrooms, there are often great readers who are below average writers. So much time and energy is spent in classrooms getting students to read on grade level that little time is left to focus on writing skills. To help teachers include more writing in their daily literacy instruction, each section of this guide has a literature-based reader response prompt. Each of the three genres of writing is used in the reader responses within this guide: narrative, informative/explanatory, and opinion. Before students write, you may want to allow them time to draw pictures related to the topic. Book-themed writing paper is provided on pages 69–70 if your students need more space to write.

Guided Close Reading

Within each section of this guide, it is suggested that you closely reread a portion of the text with your students. Page numbers are given, but since some versions of the books may have different page numbers, the sections to be reread are described by location as well. After rereading the section, there are a few text-dependent questions to be answered by students.

Working space has been provided to help students prepare for the group discussion. They should record their thoughts and ideas on the activity page and refer to it during your discussion. Rather than just taking notes, you may want to require students to write complete responses to the questions before discussing them with you.

Encourage students to read one question at a time and then go back to the text and discover the answer. Work with students to ensure that they use the text to determine their answers rather than making unsupported inferences. Suggested answers are provided in the answer key.

Introduction

How to Use This Literature Guide (cont.)

Guided Close Reading (cont.)

The generic open-ended stems below can be used to write your own text-dependent questions if you would like to give students more practice.

- ¿Qué palabras del cuento respaldan...?
- ¿Qué texto te ayuda a entender...?
- Usa el libro para explicar por qué sucedió _____.
- Basándote en los sucesos del cuento, ¿...?
- Muéstrame la parte del texto que apoya...
- Usa el texto para explicar por qué...

Making Connections

The activities in this section help students make cross-curricular connections to mathematics, science, social studies, fine arts, or other curricular areas. These activities require higher-order thinking skills from students but also allow for creative thinking.

Language Learning

A special section has been set aside to connect the literature to language conventions. Through these activities, students will have opportunities to practice the conventions of standard English grammar, usage, capitalization, and punctuation.

Story Elements

It is important to spend time discussing what the common story elements are in literature. Understanding the characters, setting, plot, and theme can increase students' comprehension and appreciation of the story. If teachers begin discussing these elements in early childhood, students will more likely internalize the concepts and look for the elements in their independent reading. Another very important reason for focusing on the story elements is that students will be better writers if they think about how the stories they read are constructed.

In the story elements activities, students are asked to create work related to the characters, setting, or plot. Consider having students complete only one of these activities. If you give students a choice on this assignment, each student can decide to complete the activity that most appeals to him or her. Different intelligences are used so that the activities are diverse and interesting to all students.

Introduction

How to Use This Literature Guide (cont.)

Culminating Activity

At the end of this instructional guide is a creative culminating activity that allows students the opportunity to share what they've learned from reading the book. This activity is open ended so that students can push themselves to create their own great works within your language arts classroom.

Comprehension Assessment

The questions in this section require students to think about the book they've read as well as the words that were used in the book. Some questions are tied to quotations from the book to engage students and require them to think about the text as they answer the questions.

Response to Literature

Finally, students are asked to respond to the literature by drawing pictures and writing about the characters and stories. A suggested rubric is provided for teacher reference.

Correlation to the Standards

Shell Education is committed to producing educational materials that are research and standards based. As part of this effort, we have correlated all of our products to the academic standards of all 50 states, the District of Columbia, the Department of Defense Dependents Schools, and all Canadian provinces.

Purpose and Intent of Standards

Standards are designed to focus instruction and guide adoption of curricula. Standards are statements that describe the criteria necessary for students to meet specific academic goals. They define the knowledge, skills, and content students should acquire at each level. Standards are also used to develop standardized tests to evaluate students' academic progress. Teachers are required to demonstrate how their lessons meet standards. Standards are used in the development of all of our products, so educators can be assured they meet high academic standards.

How To Find Standards Correlations

To print a customized correlation report of this product for your state, visit our website at http://www.shelleducation.com and follow the online directions. If you require assistance in printing correlation reports, please contact our Customer Service Department at 1-877-777-3450.

Correlation to the Standards

Standards Correlation Chart

The lessons in this book were written to support college and career readiness standards. The following chart indicates which lessons address the anchor standards.

College and Career Readiness Standard	Section
Read closely to determine what the text says explicitly and to make logical inferences from it; cite specific textual evidence when writing or speaking to support conclusions drawn from the text.	Guided Close Reading Sections 1–5; Making Connections Section 5; Story Elements Sections 1–5; Post-Reading Response to Literature
Determine central ideas or themes of a text and analyze their development; summarize the key supporting details and ideas.	Analyzing the Literature Sections 1–5; Guided Close Reading Sections 1–5; Post-Reading Theme Thoughts; Culminating Activity
Analyze how and why individuals, events, or ideas develop and interact over the course of a text.	Analyzing the Literature Sections 1–5; Story Elements Sections 1–5; Post-Reading Response to Literature
Interpret words and phrases as they are used in a text, including determining technical, connotative, and figurative meanings, and analyze how specific word choices shape meaning or tone.	Vocabulary Activity Sections 1–5; Language Learning Sections 1–4
Analyze the structure of texts, including how specific sentences, paragraphs, and larger portions of the text (e.g., a section, chapter, scene, or stanza) relate to each other and the whole.	Guided Close Reading Sections 1–5
Read and comprehend complex literary and informational texts independently and proficiently.	Entire Unit
Write arguments to support claims in an analysis of substantive topics or texts using valid reasoning and relevant and sufficient evidence.	Reader Response Section 1; Culminating Activity; Post-Reading Response to Literature
Write informative/explanatory texts to examine and convey complex ideas and information clearly and accurately through the effective selection, organization, and analysis of content.	Reader Response Sections 4–5; Story Elements Sections 1, 5
Write narratives to develop real or imagined experiences or events using effective technique, well-chosen details, and well-structured event sequences.	Reader Response Sections 2–3; Story Elements Section 4
Produce clear and coherent writing in which the development, organization, and style are appropriate to task, purpose, and audience.	Guided Close Reading Sections 1–5; Reader Response Sections 1–5; Making Connections Section 2; Story Elements Section 5; Post-Reading Theme Thoughts; Culminating Activity; Post-Reading Response to Literature
Demonstrate command of the conventions of standard English grammar and usage when writing or speaking.	Making Connections Section 2; Story Elements Sections 1–5; Post-Reading Response to Literature

Introduction

Correlation to the Standards (cont.)

Standards Correlation Chart (cont.)

College and Career Readiness Standard	Section
Demonstrate command of the conventions of standard English capitalization, punctuation, and spelling when writing.	Story Elements Sections 1–5; Making Connections Section 2; Language Learning Section 5; Post-Reading Response to Literature
Determine or clarify the meaning of unknown and multiple-meaning words and phrases by using context clues, analyzing meaningful word parts, and consulting general and specialized reference materials, as appropriate.	Vocabulary Sections 1–5
Demonstrate understanding of figurative language, word relationships, and nuances in word meanings.	Language Learning Sections 1–3
Acquire and use accurately a range of general academic and domain-specific words and phrases sufficient for reading, writing, speaking, and listening at the college and career readiness level; demonstrate independence in gathering vocabulary knowledge when encountering an unknown term important to comprehension or expression.	Vocabulary Sections 1–5

Introduction

About the Author–Kate DiCamillo

Kate DiCamillo was born on March 25, 1964, in Philadelphia, Pennsylvania. She was often sick as a child, and suffered from chronic pneumonia. When she was five, Kate, with her mother and brother, moved to a small town in Florida. The family moved in hopes that the warm southern climate would provide relief for Kate's health issues. As a sick child, DiCamillo learned to entertain herself by reading, imagining, and observing.

DiCamillo earned a degree in English from the University of Florida. In 1994, she moved to Minneapolis, Minnesota. She took a job in a book warehouse, where she was assigned to the children's books floor. Surrounded by the books all day, every day, she soon fell in love with children's literature. The job also provided her with an introduction to a sales representative for Candlewick Press, which resulted in the submission of a draft of *Because of Winn-Dixie*.

Because of Winn-Dixie was DiCamillo's first novel. She wrote it because she was homesick for Florida and because she wanted a dog, but was living in an apartment building that did not allow them. DiCamillo has written that she does not think she created the novel's lead character, India Opal Buloni, as much as she "discovered" her. *Because of Winn-Dixie* was a Newbery Honor book in 2001. DiCamillo's third novel *The Tale of Despereaux: Being the Story of a Mouse, a Princess, Some Soup and a Spool of Thread* won the Newbery Medal in 2004. DiCamillo received a second Newbery Medal in 2014 for *Flora and Ulysses: The Illuminated Adventures*. DiCamillo also has a successful series of chapter books based on a toast-loving pig named Mercy Watson. Both *Because of Winn-Dixie* and *The Tale of Despereaux* were made into major motion pictures. The Library of Congress named DiCamillo as the National Ambassador for Young People's Literature for the 2014 to 2015 term. She currently lives in Minneapolis, Minnesota, with her dog, Henry.

Possible Texts for Text Comparisons

DiCamillo's book *The Tiger Rising* is a good book for comparing. Other books written by DiCamillo include: *The Tale of Despereaux: Being the Story of a Mouse, a Princess, Some Soup and a Spool of Thread*, *The Miraculous Journey of Edward Tulane*, *The Magician's Elephant*, and *Flora and Ulysses: The Illuminated Adventures*. Though her books vary greatly by genre and topic, they all feature relationships as a central theme.

Cross-Curricular Connection

This book can be used in a science unit on dogs or thunderstorms, or in a social science unit on friendship. It could also be valuable in a family life discussion about how families come in different shapes and sizes.

Introduction

Book Summary of *Because of Winn-Dixie*

Because of Winn-Dixie tells the story of ten-year-old India Opal Buloni, who goes by Opal. She has just moved to Naomi, Florida with her distant father, who has taken a job as a preacher at a local church. Opal feels lonely and isolated until she adopts a large, scruffy stray dog that she discovers as he is terrorizing a grocery store. Opal becomes instantly attached to the charismatic dog, whom she names Winn-Dixie. Winn-Dixie's charm and friendliness help Opal meet and develop relationships with other lonely people of the small town. The dog's presence also helps Opal communicate with her taciturn father and ask questions about the mother who abandoned the family when Opal was three years old. Opal comes to connect with her father a little better through this process. During her first summer with Winn-Dixie, Opal conquers her loneliness and learns important lessons about life and love.

Possible Texts for Text Sets

- Blume, Judy. *Tales of a Fourth Grade Nothing.* Puffin Books, 2007.
- Catling, Patrick Skene. *The Chocolate Touch.* HarperCollins, 2006.
- Cleary, Beverly. *Henry and Ribsy.* HarperCollins, 2014.
- Henkes, Kevin. *Protecting Marie.* Greenwillow Books, 2007.
- Martin, Ann M. *A Dog's Life.* Scholastic Paperbacks, 2007.
- Morris, Willie. *My Dog Skip.* Vintage, 1996.

Nombre _____ Fecha _____

Introducción

Prelectura: pensamientos sobre el tema

Instrucciones: Para cada afirmación, dibuja una carita feliz o una carita triste. La carita debe mostrar lo que piensas de la afirmación. Luego, usa palabras para explicar por qué piensas de esa manera.

Afirmación	¿Qué piensas? 😊 ☹️	Explica tu respuesta.
Nunca se sabe quién podría convertirse en amigo.		
Crecer y madurar es difícil.		
Estima a todos mientras los tengas.		
No deberías juzgar a las personas de manera impulsiva.		

Teacher Plans—Section 1
Chapters 1–5

Vocabulary Overview

Key words and phrases from this section are provided below with definitions and sentences about how the words are used in the story. Introduce and discuss these important vocabulary words with students. If you think these words or other words in the story warrant more time devoted to them, there are suggestions in the introduction for other vocabulary activities (page 5).

Palabra	Definición	Oración sobre el texto
pastor (c. 1)	una persona cuyo trabajo es dar discuros religiosos y dirigir ceremonias religiosas	El papá de Opal es el **pastor** de la iglesia baptista Brazos Abiertos.
sección de verduras (c. 1)	la parte de un mercado donde se venden frutas y verduras frescas	El perro tiró tomates, cebollas y pimientos verdes al suelo en la **sección de verduras**.
deslizándose (c. 1)	resbalándose por el suelo de una manera descontrolada	El perro doblaba la esquina y se paró **deslizándose**.
traseras (c. 1)	en o cerca de la parte de atrás de algo	El perro se sentó sobre las patas **traseras** para ponerse frente al encargado.
perrera (c. 1)	un lugar donde se guardan perros que se recogen de las calles hasta que se les encuentre un dueño	Opal no podía permitir que el perro abandonado terminara en la **perrera**.
cajas (c. 1)	lugares donde se recibe el pago de lo que se compra en una tienda	Opal pasa las **cajas** y sale por la puerta del supermercado.
misionero (c. 2)	una persona que va a otro país para llevar a cabo un trabajo religioso	El papá de Opal fue **misionero** en la India antes de que naciera.
abandonado (c. 2)	un animal que no tiene hogar	Es obvio que el perro flacucho, sucio y descuidado es un perro **abandonado**.
constelaciones (c. 4)	grupos de estrellas que forman patrones específicos en el cielo y tienen nombres	La madre de Opal se sabía todas las **constelaciones** del cielo nocturno.
caza (c. 5)	que busca o persigue animales para atraparlos	Winn-Dixie parece tener algo de perro de **caza**.

Nombre _____ Fecha _____

Capítulos 1-5

Actividad del vocabulario

Instrucciones: Escribe cinco oraciones sobre el cuento. Usa por lo menos una palabra del vocabulario de las casillas en cada oración.

Palabras del cuento

pastor	deslizándose	traseras	abandonado	sección de verduras
cajas	misionero	perrera	constelaciones	caza

_____

_____

_____

_____

_____

_____

_____

_____

Instrucciones: Responde esta pregunta.

1. ¿Cómo sabes que Winn-Dixie es un perro **abandonado**?

_____

_____

Teacher Plans–Section 1
Chapters 1–5

Analyzing the Literature

Provided here are discussion questions you can use in small groups, with the whole class, or for written assignments. Each question is written at two levels so that you can choose the right question for each group of students. For each question, a few key points are provided for your reference as you discuss the book with students.

Story Element	Level 1 Questions for Students	Level 2 Questions for Students	Key Discussion Points
Plot	¿Por qué dice Opal que es la dueña del perro que anda suelto en el supermercado?	Después de rescatar a Winn-Dixie, Opal tiene que convencer a su padre de dejar que el perro se quede con ellos. ¿Cómo lo hace?	Opal sees a big, ugly dog running around the grocery store. The store manager wants to call the pound. Opal impulsively claims the dog to save him. At home, Opal reminds her father of his belief that people should always help those less fortunate than themselves. She tells him that she found a less fortunate that needs help.
Character	¿Cómo se describe a Winn-Dixie?	¿Cuáles son algunas de las características de Winn-Dixie que le gustan a Opal?	Winn-Dixie is a stray dog that Opal rescues. He is in bad physical shape. He limps like something is wrong with one of his legs, and he is too thin. He has matted-up fur, places where he is bald, and he smells. Opal likes that the dog is friendly and has a distinctive doggy smile. She decides that he is a good listener and has a good sense of humor. Lonely Opal is also attracted to the dog because he needs her help and will be a devoted companion.
Setting	¿Cuál es el escenario del capítulo 5?	Describe el escenario del capítulo 5. ¿Qué sucede cuando se le permite entrar a Winn-Dixie?	The setting is the Open Arms Baptist Church of Naomi. The building used to be a Pick-It-Quick store. The store motto is spelled on the floor in red tiles. The church has no pews; the congregation sits in fold-up chairs. The church is not a formal place. When Winn-Dixie is allowed inside, he chases a mouse and wildly barks and skids. The people point and holler. Winn-Dixie catches the mouse, and everyone laughs and claps.
Character	¿Por qué quiere Opal saber más sobre su mamá?	Desde que se trasladó a Naomi, Opal ha estado pensando en su mamá más de lo que nunca lo hizo. ¿Cuál crees que es la razón?	Opal's mama abandoned the family when Opal was three years old. She has not been heard from since. Opal's father, the preacher, never talks about her mama, so Opal knows very little about her. Since moving to Naomi, Opal has been thinking about her mama "extra-extra hard." This may be because she is feeling isolated and lonely. It could also be because she is growing up.

Nombre _____ Fecha _____ **Capítulos 1–5**

Reflexión del lector

Piensa

Piensa en lo que harías si encontraras un perro abandonado. ¿Ayudarías al perro o no?

Tema de escritura de opinión

Explica lo que harías si encontraras un perro abandonado. Da razones que apoyen tu decisión de ayudar o no al perro abandonado.

_____
_____
_____
_____
_____
_____
_____
_____
_____
_____
_____

Capítulos 1–5

Nombre _____ Fecha _____

Lectura enfocada guiada

Lee detenidamente la sección al principio del capítulo 2 que empieza con: "El verano que encontré a Winn-Dixie…". Termina con: "…yo lo quería ya con todo mi corazón".

Instrucciones: Piensa en estas preguntas. En los espacios, escribe ideas mientras piensas en las respuestas. Prepárate para compartir tus respuestas.

❶ Usa detalles del texto para explicar por qué Opal llama a su papá "el pastor".

❷ Aunque su nombre de pila es India, al personaje principal se le conoce por su segundo nombre, Opal. ¿Qué razón se da para esto en el texto?

❸ ¿Qué palabras o frases usa Opal para describir a Winn-Dixie?

Nombre _____ Fecha _____

Capítulos 1–5

Relacionarse: constelaciones

Instrucciones: Opal le pide al pastor que le cuente diez cosas de su mamá. El número siete es que la mamá de Opal se sabía todas las constelaciones del cielo nocturno. Cuando un grupo de estrellas forma un patrón reconocible, se le llama *constelación*. Usa libros o internet como recursos de referencia para investigar las dos constelaciones del siguiente cuadro. Dibuja las constelaciones y escribe dos datos interesantes sobre cada una.

Osa Mayor	**Datos interesantes** • •
Orión	**Datos interesantes** • •

Capítulos 1–5 Nombre _____ Fecha _____

Aprendizaje del lenguaje: detalles sensoriales

Instrucciones: *Gracias a Winn-Dixie* está lleno de detalles sensoriales. Repasa esta sección del libro y anota los detalles sensoriales en el siguiente cuadro. Algunos detalles ya se han agregado.

> **¡Pistas del lenguaje!**
>
> - Los detalles sensoriales son detalles en los cuales participan los cinco sentidos del lector: la vista, el olfato, el gusto, el tacto y el oído.

vista	"Era grande, pero flacucho; podías contarle las costillas".		
olfato			
gusto			
tacto	"Me tropecé con el encargado".		
oído	"Fuera se oyó un terrible aullido".		

Nombre _____ Fecha _____   **Capítulos 1–5**

Elementos del texto: personaje

Instrucciones: Dibuja y rotula a Winn-Dixie antes y después de su baño. Incluye a Opal cepillándolo. Asegúrate de representar sus dientes, su sonrisa y su pelo.

Antes

Después

Capítulos 1-5 Nombre _____ Fecha _____

Elementos del texto: trama

Instrucciones: Opal casi no sabe nada sobre su mamá, así que se alegra cuando su papá le cuenta diez datos sobre ella. Opal escribe los diez datos para no olvidarlos. Dice que necesita saber los datos para poder reconocer a su mamá si ella volviera alguna vez. Imagina que quieres que alguien te reconozca después de una larga separación. ¿Qué diez datos le ayudarían a esa persona a saber cómo eres? Escribe en los renglones diez cosas descriptivas de ti.

- _____
- _____
- _____
- _____
- _____
- _____
- _____
- _____
- _____
- _____

Teacher Plans–Section 2
Chapters 6-10

Vocabulary Overview

Key words and phrases from this section are provided below with definitions and sentences about how the words are used in the story. Introduce and discuss these important vocabulary words with students. If you think these words or other words in the story warrant more time devoted to them, there are suggestions in the introduction for other vocabulary activities (page 5).

Palabra	Definición	Oración sobre el texto
vanidosa (c. 7)	tener la opinión de que eres mejor o más importante que otras personas; arrogante	La señorita Franny está renuente de mencionar la riqueza de su papá porque no quiere parecer **vanidosa**.
peculiar (c. 7)	extraño; inusual o que no es normal	Antes de ver siquiera el oso, la señorita Franny percibe un olor **peculiar** en la biblioteca.
estupendo (c. 7)	muy bueno	La señorita Franny piensa que sería **estupendo** ser amigos con Opal y con Winn-Dixie.
collar (c. 8)	un aro que se coloca en el cuello de los animales al que se le puede atar una correa	Opal le compra un **collar** y una correa a Winn-Dixie para que quede claro que ya no es un perro callejero.
cobayas (c. 8)	roedores pequeños y peludos que a menudo se tienen en casa como mascotas	Animales de Compañía Gertrudis vende peces, serpientes, ratones, lagartos y **cobayas**.
plan de financiación (c. 8)	una manera de pagar por algo haciendo pagos pequeños a lo largo de un período de tiempo	Opal no tiene suficiente dinero para comprar el collar, así que espera abrir un **plan de financiación** para pagar por él.
irritante (c. 8)	que causa molestia	La cotorra de la tienda Animales de Compañía Gertrudis tiene una voz **irritante**.
pelusas (c. 8)	bolas de polvo y suciedad	El suelo de la tienda está cubierto de arena, cáscaras de semillas y **pelusas**.
nudillo (c. 8)	donde los dedos se pueden doblar; donde se juntan las partes de los dedos	Pastelito Thomas tiene la costumbre de chuparse el **nudillo** del tercer dedo.
dedos verdes (c. 10)	un talento para la jardinería	Gloria Dump se pregunta si Opal heredó los **dedos verdes** de su mamá.

Capítulos 6–10 Nombre _____ Fecha _____

Actividad del vocabulario

Instrucciones: Haz corresponder cada palabra de la izquierda con un sinónimo, o una palabra que significa lo mismo, de la derecha. Traza líneas para unir las palabras. Puedes usar un diccionario como ayuda.

vanidosa	crédito de una tienda
peculiar	roedores
estupendo	inusual
collar	arrogante
cobayas	articulación
plan de financiación	molesto
irritante	alzacuello
nudillo	formidable

Instrucciones: Responde esta pregunta.

1. ¿Por qué sugiere Opal abrir un **plan de financiación** para comprar el collar y la correa?

_____

_____

Teacher Plans—Section 2
Chapters 6-10

Analyzing the Literature

Provided here are discussion questions you can use in small groups, with the whole class, or for written assignments. Each question is written at two levels so that you can choose the right question for each group of students. For each question, a few key points are provided for your reference as you discuss the book with students.

Story Element	Level 1 Questions for students	Level 2 Questions for students	Key Discussion Points
Character	¿Quién es la primera amiga que hace Opal en Naomi? ¿En dónde se conocen?	A Opal le parece que ella y la señorita Franny Block tienen algo en común. ¿Qué es?	Opal and Winn-Dixie visit the small, private Herman W. Block Memorial Library. The librarian, Miss Franny Block, is an elderly woman. At first she isn't sure about letting Winn-Dixie into the library. But she soon warms up to Opal and her dog. Listening to Miss Franny talk about the past, Opal realizes that the woman is sad and lonely. Opal can relate to this because she is friendless in a new town.
Setting	¿Qué tipo de tienda visitan Opal y Winn-Dixie en el capítulo 8?	Describe el escenario de la tienda de mascotas del capítulo 8. ¿Qué trabajo sugiere Opal que podría hacer para mejorar la tienda?	Opal and Winn-Dixie go to Gertrude's Pets to get a collar and a leash. There are fish, snakes, lizards, gerbils, and all kinds of pet supplies. There is even a parrot named Gertrude. The pet store is dusty and dirty. The floor is covered in sand, sunflower seed shells, and dust bunnies. Opal asks if she can earn the collar and leash by coming in and sweeping and cleaning the store.
Plot/Character	¿Cómo conoce Opal a Gloria Dump?	¿Por qué se mete Opal en el patio frondoso tras Winn-Dixie, pese a las advertencias de los hermanos Dewberry?	Opal is riding home from Gertrude's Pets and the two Dewberry brothers follow her. Winn-Dixie races ahead of Opal and the boys tell her that the dog is headed straight to the witch's house. Winn-Dixie hops a gate and runs into an overgrown yard. Opal hesitates, but decides she is more afraid of losing Winn-Dixie than she is of facing a witch. She enters the yard and finds her dog eating peanut butter out of Gloria Dump's hand.

Capítulos 6-10 Nombre _____ Fecha _____

Reflexión del lector

Piensa

La señorita Franny le cuenta historias importantes a Opal y Opal le cuenta historias importantes a Gloria Dump. Piensa en una historia que te gustaría compartir con alguien.

Tema de escritura narrativa

Escribe una historia importante sobre tu vida que te gustaría compartir con alguien. Asegúrate de incluir detalles igual como lo hacen la señorita Franny y Opal cuando ellas cuentan sus historias.

_____
_____
_____
_____
_____
_____
_____
_____
_____
_____

Nombre _____ Fecha _____

Capítulos 6-10

Lectura enfocada guiada

Lee detenidamente la sección del capítulo 7 que empieza con: "—Sí, señorita, así es". Termina con: "—No, nunca lo vi de nuevo".

Instrucciones: Piensa en estas preguntas. En los espacios, escribe ideas mientras piensas en las respuestas. Prepárate para compartir tus respuestas.

❶ El primer indicio para la señorita Franny de que algo no está bien en la biblioteca es un olor. ¿Qué palabras del texto describen este olor?

❷ ¿Cuán grande era el oso que se metió a la biblioteca, según la señorita Franny?

❸ ¿Qué es lo que arrojó la señorita Franny al oso para que se fuera? Sé específico.

Capítulos 6-10 Nombre _____ Fecha _____

Relacionarse: todo sobre las cotorras

Instrucciones: Opal conoce a Gertrudis, la cotorra, mientras busca un collar y una correa en Animales de Compañía Gertrudis. Colorea la cotorra. Usa libros o internet como referencia para buscar datos sobre las cotorras. Escribe al menos cinco datos sobre las cotorras en el espacio alrededor de la cotorra.

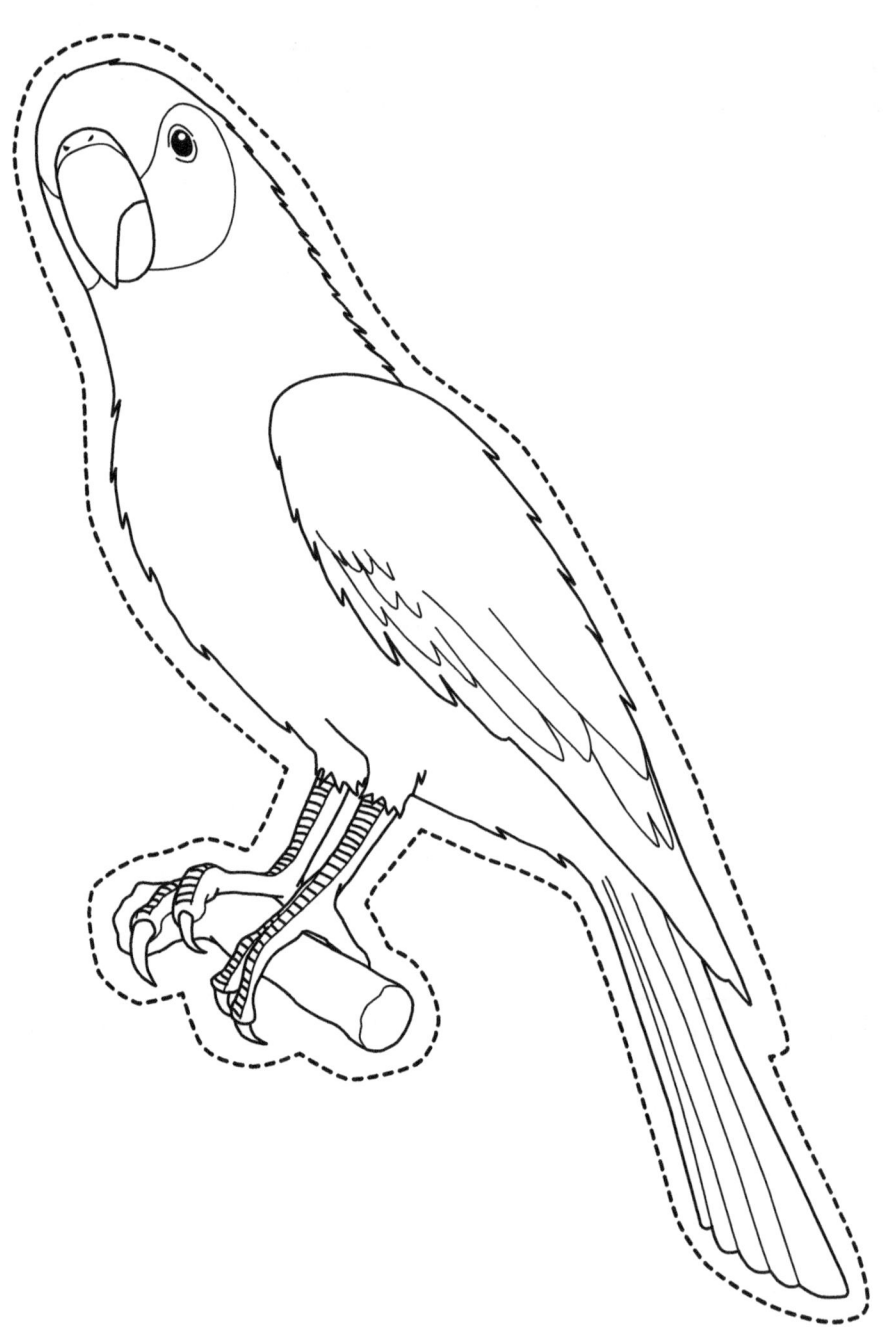

Nombre _____ Fecha _____

Capítulos 6-10

Aprendizaje del lenguaje: modismos

Instrucciones: Gloria Dump cree que Opal puede haber heredado los dedos verdes de su mamá. El dicho "tener los dedos verdes" es un modismo. Observa la lista de modismos a continuación y elige tu favorito. En otra hoja de papel, haz un dibujo de lo que significan en sí las palabras del modismo. Luego, haz un dibujo que muestre el significado que se intenta dar del mismo modismo.

¡Pistas del lenguaje!

- Un modismo es una frase o expresión que tiene un significado oculto.
- Los modismos no significan exactamente lo que dicen las palabras.

Modismo	Significado
tirar la toalla	darse por vencido
pan comido	algo muy fácil
llover a cántaros	que llueve mucho
ponerse las pilas	hacer algo con más ganas
meter la cuchara	entrometerse en un asunto
tomar el pelo	burlarse de alguien
tener el colmillo retorcido	ser inteligente gracias a la experiencia
la gota que derramó el vaso	un problema que parece pequeño pero que causa una reacción grande

Capítulos 6–10   Nombre _____   Fecha _____

Elementos del texto: personaje

Instrucciones: Elige un personaje y escribe un poema sobre él. Usa el diagrama como ayuda para escribir tu poema.

_____
nombre del personaje

_____   _____
2 palabras que describen al personaje

_____   _____   _____
3 palabras que describen un escenario que incluye al personaje

_____   _____   _____   _____
4 palabras que describen un suceso del cuento en el cual participa el personaje

_____
volver a nombrar el personaje

Nombre _____ Fecha _____

Capítulos 6–10

Elementos del texto: trama

Instrucciones: Completa el mapa del cuento con los sucesos que empiezan en el capítulo 9 cuando Opal vuelve a casa en bicicleta desde Animales de Compañía Gertrudis y termina cuando Opal siembra un árbol espera y verás con Gloria Dump.

> Opal vuelve a casa en bicicleta desde Animales de Compañía Gertrudis.

↓

↓

↓

↓

> Opal siembra un árbol espera y verás con Gloria Dump.

Teacher Plans–Section 3
Chapters 11–15

Vocabulary Overview

Key words and phrases from this section are provided below with definitions and sentences about how the words are used in the story. Introduce and discuss these important vocabulary words with students. If you think these words or other words in the story warrant more time devoted to them, there are suggestions in the introduction for other vocabulary activities (page 5).

Palabra	Definición	Oración sobre el texto
golpeaba (c. 11)	chocaba con algo	Winn-Dixie **golpeaba** con la cabeza la puerta del dormitorio, queriendo salir.
jadeando (c. 11)	dando respiros cortos y rápidos	Winn-Dixie siente pánico por la tormenta y sale **jadeando**.
velocidad (c. 11)	rapidez en el movimiento	Winn-Dixie sale a toda **velocidad** hacia el pastor y ambos ruedan por el suelo.
patológico (c. 11)	extremo de una manera que no es normal	El pastor cree que Winn-Dixie sufre miedo **patológico** a las tormentas.
sonrojó (c. 12)	le vino el color al rostro porque sintió vergüenza	Otis se **sonroja** al darse cuenta de que tiende a Opal la guitarra en vez de la escoba.
delincuente (c. 12)	una persona que ha cometido un delito	Se preocupa Opal de que al pastor no le gustaría que estuviera trabajando para un **delincuente**.
encantador (c. 12)	alguien que actua con una habilidad mágica para agradar mucho a los demás	Al tocar su guitarra, Otis es como un **encantador** de animales y hace que se conviertan en estatuas.
costumbre (c. 13)	una manera fija y habitual de hacer las cosas	Opal y Winn-Dixie empiezan su **costumbre** diaria de llegar a Animales de Compañía Gertrudis.
ignorantes (c. 13)	sin conocimiento o información; sin educación	A Opal le fastidian los hermanos Dewberry porque piensa que dicen cosas **ignorantes**.
trotando (c. 14)	moviéndose rápidamente con pasos cortos	Winn-Dixie se va **trotando** detrás de Gloria Dump.

Nombre _____ Fecha _____

Capítulos 11–15

Actividad del vocabulario

Instrucciones: Lee las oraciones y completa las palabras que faltan para resolver el crucigrama.

Palabras del cuento

| golpeaba | jadeando | velocidad | patológico | sonrojó |
| delincuente | encantador | costumbre | ignorantes | trotando |

Horizontal

1. Winn-Dixie sale a toda _____ de la habitación.

3. Opal y Winn-Dixie tienen la _____ de salir temprano de la caravana.

6. Winn-Dixie se va _____ detrás de Gloria Dump.

Vertical

2. Opal piensa que los niños Dewberry son _____.

4. Otis es como un _____ de animales.

5. Otis se _____ al tender a Opal la guitarra en vez de la escoba.

Teacher Plans–Section 3
Chapters 11–15

Analyzing the Literature

Provided here are discussion questions you can use in small groups, with the whole class, or for written assignments. Each question is written at two levels so that you can choose the right question for each group of students. For each question, a few key points are provided for your reference as you discuss the book with students.

Story Element	Level 1 Questions for Students	Level 2 Questions for Students	Key Discussion Points
Character	¿Cómo reacciona Winn-Dixie ante la tormenta de truenos?	¿Cómo reacciona el pastor frente a la reacción enloquecida de Winn-Dixie ante la tormenta de truenos? ¿Y cómo se siente Opal al respecto?	Winn-Dixie is terrified of the storm. He beats his head against the door, whines, whimpers, shakes, and trembles. He wildly runs around the trailer and knocks over the preacher. The preacher says that Winn-Dixie has an unreasonable, or pathological, fear of thunderstorms. Opal is afraid that the preacher will not let Winn-Dixie stay because of his fear, but the preacher tells Opal they will have to keep the dog safe. Opal feels a surge of love for the preacher for being so understanding. She is moved by his love for Winn-Dixie and his desire to keep the dog safe.
Plot	¿Qué les sucede a los animales de Animales de Compañía Gertrudis cuando Otis toca su música?	¿Cuáles son dos cosas importantes que Opal descubre sobre Otis en el capítulo 12?	Opal and Winn-Dixie go to Gertrude's Pets and find all of the animals out of their cages, sitting still as statues on the floor, listening to Otis play the guitar. Otis stops playing and all the animals start to move. He has to start playing again to calm the animals so they can be put back in their cages. Opal thinks Otis must be magic, with the way he can charm the animals. Also during this chapter, Otis tells Opal that he has been in jail in the past. Opal worries that her father would not like her associating with a criminal.
Setting	En el capítulo 14, Opal va a la parte trasera del patio grande de Gloria Dump por primera vez. ¿Qué le enseña Gloria a Opal en el patio?	Opal ve algo en el patio de Gloria Dump que le hace pensar en su mamá. ¿Qué es y por qué tiene este efecto sobre Opal?	Gloria takes Opal to see a big, old tree in the back of her yard. There are alcohol bottles tied to almost every branch. They clank together and make a spooky noise. Gloria says that the bottles represent bad things she has done. She alludes to a past drinking problem. Opal knows that her mama drank too much. She wonders if her mama also has a tree full of bottles somewhere and if it reminds her of Opal.

Nombre _____ Fecha _____ **Capítulos 11–15**

Reflexión del lector

Piensa

La música que toca Otis con su guitarra hace felices a los animales de Animales de Compañía Gertrudis. Piensa en algo que te hace feliz.

Tema de escritura narrativa

Todos tenemos algo que nos hace excepcionalmente felices. Habla sobre algo que te hace feliz. Asegúrate de dar razones por las cuales te hace feliz.

_____
_____
_____
_____
_____
_____
_____
_____
_____

Capítulos 11–15 Nombre _____ Fecha _____

Lectura enfocada guiada

Lee detenidamente la sección al principio del capítulo 15 que empieza con: "El sistema de aire acondicionado de la Biblioteca Conmemorativa Herman W. Block no funcionaba muy bien..." y termina con: "¿Tiene alguna sugerencia?".

Instrucciones: Piensa en estas preguntas. En los espacios, escribe ideas mientras piensas en las respuestas. Prepárate para compartir tus respuestas.

---

❶ Según el texto, ¿qué cosas le preocupan a Opal sobre Winn-Dixie y el ventilador?

---

❷ ¿Qué detalles ilustran cómo Winn-Dixie apoya a la señorita Franny Block cuando le dan ataques?

---

❸ De acuerdo con el texto, ¿qué piensa Opal que puede hacer para mantener a los fantasmas alejados de Gloria Dump?

Nombre _____ Fecha _____

Capítulos 11–15

Relacionarse: mis habilidades

Instrucciones: Gloria Dump tiene un árbol que sirve para recordarle todas la cosas malas que ha hecho en su vida. Haz un dibujo de un árbol e incluye imagenes que cuelguen del árbol que representen cosas de las cuales estás orgulloso o habilidades que tienes. Por ejemplo, podrías hacer un dibujo de alguna vez que hayas sido un buen amigo o un dibujo de una pelota de béisbol para mostrar que juegas bien a ese deporte.

Capítulos 11-15 Nombre _____ Fecha _____

Aprendizaje del lenguaje: símiles

Instrucciones: Siempre que describes algo comparándolo con otra cosa, estás usando el lenguaje figurado. El lenguaje figurado crea imágenes en la imaginación del lector. Lee las oraciones de *Gracias a Winn-Dixie*. Usa dos resaltadores de dos colores diferentes para resaltar las dos cosas que se comparan en cada oración.

¡Pistas del lenguaje!

- Un símil es un tipo de lenguaje figurado.
- Un símil es una comparación que usa las palabras *como*, *tan...como* o *igual de...que*.

1. "Se limitó a quedarse de pie mientras Winn-Dixie corría hacia él como una bola en una bolera y el pastor fuera el único bolo en pie y ¡zas!, los dos rodaron por el suelo".

2. "Me levanté y abrí la puerta. Winn-Dixie salió por ella como una flecha".

3. El perro "era como un gran trozo de alfombra marrón que hubiera estado a la intemperie mucho tiempo".

Instrucciones: Busca en esta sección del libro hasta encontrar dos ejemplos más de símiles. Escribe las oraciones que encuentres.

4. _____

5. _____

Nombre _____ Fecha _____

Capítulos 11-15

Elementos del texto: personaje

Instrucciones: Elige un personaje del cuento y escribe su nombre en el encabezado. Piensa en cómo es este personaje y en cómo actúa. También piensa en cómo los otros personajes reaccionan o qué piensan de él. Puedes hacer un dibujo del personaje en la primera casilla, pero también descríbelo con palabras.

Personaje: _____

¿Cómo es el personaje?

¿Cómo es la personalidad del personaje?

¿Qué piensan los demás personajes de este cuento sobre este personaje?

Capítulos 11–15 Nombre _____ Fecha _____

Elementos del texto: escenario

Instrucciones: Anota algunos de los escenarios de esta sección de *Gracias a Winn-Dixie*. Escribe tres detalles sobre cada uno de los escenarios.

Escenario	Detalles
	• • •
	• • •
	• • •
	• • •

Nombre _____ Fecha _____ **Capítulos 11–15**

Elementos del texto: trama

Instrucciones: Describe con palabras e imágenes tres sucesos principales de esta sección. Asegúrate de colocarlos en orden cronológico.

Teacher Plans–Section 4
Chapters 16–20

Vocabulary Overview

Key words and phrases from this section are provided below with definitions and sentences about how the words are used in the story. Introduce and discuss these important vocabulary words with students. If you think these words or other words in the story warrant more time devoted to them, there are suggestions in the introduction for other vocabulary activities (page 5).

Palabra	Definición	Oración sobre el texto
alistó (c. 16)	se unió a las fuerzas armadas	Littmus W. Block se **alistó** en el ejercito porque creía que era lo correcto.
parásitos (c. 16)	insectos y pequeños animales que pueden ser dañinos para las plantas o animales y que son difíciles de eliminar	Los soldados tenían que vivir en condiciones terribles, con la ropa cubierta por **parásitos**.
fiebre tifoidea (c. 16)	una enfermedad peligrosa muy infecciosa que causa fiebre, manchas rojas y dolor abdominal severo	Mucha gente murió a causa de la **fiebre tifoidea** porque no tenía la medicina correcta.
fortuna (c. 17)	una cantidad de dinero muy grande	La **fortuna** familiar de la señorita Franny empezó con el invento de su bisabuelo.
fabricar (c. 17)	hacer algo, normalmente en cantidades grandes, utilizando máquinas	Littmus **fabrica** sus caramelos en una fabrica nuevecita.
Pastilla (c. 17)	una golosina pequeña que normalmente contiene medicina	Los cajones de la mesa de la señorita Franny están llenas de las **Pastillas** Littmus.
inventó (c. 18)	creó o diseñó algo que no existía antes	El bisabuelo de la señorita Franny **inventó** la Pastilla Littmus, y llegó a ser mundialmente famosa.
melancolía (c. 18)	un sentimiento silencioso de tristeza	Saborear la Pastilla Littmus hace que el pastor sienta **melancolía**.
arrestado (c. 20)	llevado a una estación de policía y detenido allí	Gloria Dump se ríe cuando le cuentan por qué a Otis lo habían **arrestado**.
postiza (c. 20)	que es añadida o artificial	Gloria se sujeta la dentadura **postiza** para que no se le salga de la boca.

Nombre _____ Fecha _____ **Capítulos 16-20**

Actividad del vocabulario

Instrucciones: Completa cada oración con una de las siguientes palabras del vocabulario.

Palabras del cuento

alistó	parásitos	fiebre tifoidea	fortuna	fabricar
Pastilla	inventó	melancolía	arrestado	postiza

1. La madre y las hermanas de Littmus W. Block murieron de la _____.

2. Cuando Opal le cuenta a Gloria Dump cómo es que a Otis lo habían _____, se ríe.

3. Al pobre de Littmus le picaba todo el cuerpo y estaba cubierto por toda clase de _____.

4. Todos los que prueban el caramelo empiezan a sentir _____.

Instrucciones: Responde esta pregunta.

5. ¿Cómo hizo una **fortuna** Littmus W. Block?

_____

_____

_____

Teacher Plans–Section 4
Chapters 16–20

Analyzing the Literature

Provided here are discussion questions you can use in small groups, with the whole class, or for written assignments. Each question is written at two levels so that you can choose the right question for each group of students. For each question, a few key points are provided for your reference as you discuss the book with students.

Story Element	Level 1 Questions for Students	Level 2 Questions for Students	Key Discussion Points
Character	¿Qué le sucede a Littmus W. Block, el bisabuelo de la señorita Franny, durante la guerra de Secesión?	¿De qué manera la guerra de Secesión cambia a Littmus W. Block desde el principio del cuento de la señorita Franny hasta el final?	Littmus W. Block is only a boy of 14 when he enlists in the army. He soon finds that war is terrible. Littmus is hungry, filthy, cold in the winter, stinky in the summer, and shot at often. The war changes him. After the war, Littmus finds that his home has been burned and his parents and three sisters are dead. At first he despairs. Then he resolves to bring some sweetness into a world full of ugliness by inventing a new candy.
Plot	¿Cuáles son las dos sorpresas que trae Opal a Gloria Dump en el capítulo 18?	¿Por qué decide Opal leerle un libro a Gloria Dump? ¿Tiene un propósito más allá de entretenerla?	Miss Franny Block gives Opal several Litttmus Lozenges to share. Opal brings Gloria a Littmus Lozenge. Opal also brings the book *Gone with the Wind*. Gloria is almost blind and is unable to read. Opal says she reads loud enough to keep Gloria's ghosts away. She, once again, has recognized sadness and loneliness in someone. She wants to make Gloria feel less isolated and regretful.
Setting	¿En qué estación del año se desarrolla el cuento?	¿Qué detalles del libro ayudan a recordar al lector que este cuento se desarrolla en el verano?	The story takes place in the summer. Many details in the book create a vivid feeling of summertime. There are mentions of heat, broken air conditioning, and of the need for a cool fan. Violent summer storms are described. The children seem at loose ends because it is summer vacation.
Plot	¿Por qué fue arrestado Otis una vez?	¿Por qué Otis solamente toca música para los animales y no para las personas?	Otis was arrested because he was playing his guitar on the street and didn't stop when told to by the police. The police tried to put handcuffs on him and Otis hit them. Otis went to jail and when he was released he had to promise never to play his guitar on the street again. Now Otis only plays his guitar for the animals inside Gertrude's Pets.

Nombre _____ Fecha _____ **Capítulos 16-20**

Reflexión del lector

Piensa

Piensa en los personajes de *Gracias a Winn-Dixie* cuando prueban una Pastilla Littmus. Piensa en algo que consideras que es un poco triste pero un poco dulce a la vez.

Tema de escritura informativa/explicativa

Escribe sobre los diferentes personajes de *Gracias a Winn-Dixie* y en lo que piensa cada uno cuando saborea una Pastilla Littmus. Luego, escribe sobre algo que sea triste, pero un poco dulce, en tu vida.

_____
_____
_____
_____
_____
_____
_____
_____
_____

Capítulos 16–20

Nombre _____ Fecha _____

Lectura enfocada guiada

Lee detenidamente la sección al principio del capítulo 20 que empieza con: "Cuando le conté a Gloria Dump...". Termina con: "...todo el mundo tiene el corazón roto".

Instrucciones: Piensa en estas preguntas. En los espacios, escribe ideas mientras piensas en las respuestas. Prepárate para compartir tus respuestas.

❶ ¿Qué le sucede a Gloria por reírse tan fuerte al oír la historia del arresto de Otis?

❷ ¿Cómo describe Opal a Carson, el hermano de Amanda?

❸ ¿Qué razón da Opal en el texto para explicar por qué siempre se ve Amanda tan amargada?

Relacionarse:
el Norte contra el Sur

La señorita Franny cuenta la historia de cuando su bisabuelo estuvo en la guerra de Secesión. La guerra de Secesión es una guerra que hubo en Estados Unidos. Los estados del Sur se unieron para formar los Estados Confederados de América. Los estados del Norte eran llamados la Unión. También habían estados fronterizos. Eso significa que eran estados esclavistas que permanecieron en la Unión.

Instrucciones: Usa el siguiente cuadro para colorear el mapa de la página 48. Tendrás que usar como referencia un atlas o internet para identificar los estados y colorearlos. Ve a continuación qué colores debes usar para los estados.

Estados del Sur (Coloréalos de rojo).	**Estados fronterizos** (Coloréalos de morado).	**Estados del Norte** (Coloréalos de azul).
Alabama Arkansas Florida Georgia Luisiana Misisipi Carolina del Norte Carolina del Sur Tennessee Texas Virginia	Delaware Kentucky Maryland Misuri Virginia Occidental	Connecticut Illinois Indiana Iowa Kansas Maine Massachusetts Míchigan Minnesota Nuevo Hampshire Nueva Jersey Nueva York Ohio Pensilvania Rhode Island Vermont Wisconsin

Capítulos 16-20 Nombre _____ Fecha _____

Relacionarse: el Norte contra el Sur (cont.)

Nombre _____ Fecha _____ **Capítulos 16–20**

Aprendizaje del lenguaje: tipos de sustantivos

Instrucciones: Lee cada sustantivo a continuación Decide en qué categoría va cada sustantivo. Intenta añadir dos sustantivos más del libro a cada categoría.

¡Pistas del lenguaje!

- Un sustantivo común nombra a una persona, un lugar o una cosa en general.

- Un sustantivo propio nombra a un sustantivo específico.

- Un sustantivo abstracto nombra algo en lo cual puedes pensar pero que no puedes ver o tocar.

Banco de palabras

Littmus W. Block	biblioteca	Fort Sumter	diversión	pastilla
Amanda	melancolía	edificio	tristeza	guerra

Sustantivos comunes	Sustantivos propios	Sustantivos abstractos
_____	_____	_____
_____	_____	_____
_____	_____	_____
_____	_____	_____

Capítulos 16-20 Nombre _____ Fecha _____

Elementos del texto: escenario

Instrucciones: Haz un mapa de todos los sitios que visitan regularmente Opal y Winn-Dixie en Naomi, Florida. Asegúrate de incluir la iglesia baptista Brazos Abiertos, el supermercado, las caravanas El Rincón Amistoso, Animales de Compañía Gertrudis, la biblioteca Conmemorativa Herman W. Block y la casa de Gloria Dump. Incluye una leyenda con símbolos.

Nombre _____ Fecha _____

Capítulos 16-20

Elementos del texto: personaje

Instrucciones: Piensa en lo que sabes acerca de los personajes del libro. La mayor parte de lo que sabes se cuenta desde el punto de vista de Opal. Hay otros personajes en el cuento, pero no sabes lo que piensan. Elige una escena que disfrutaste de esta sección del libro y cuéntala a través de los ojos de otra persona. Por ejemplo, podrías volver a escribir la escena en la cual Opal le da a su papá una Pastilla Littmus, pero a través de los ojos del pastor.

_____

_____

_____

_____

_____

_____

_____

_____

_____

_____

Capítulos 16-20 Nombre _____ Fecha _____

Elementos del texto: trama

Instrucciones: Opal hace muchos amigos en su primer verano en Naomi. Escribe los nombres de sus amigos y haz una descripción corta de cómo Opal se hace amiga de cada uno.

Amigos	Cómo se hicieron amigos

Teacher Plans–Section 5
Chapters 21-26

Vocabulary Overview

Key words and phrases from this section are provided below with definitions and sentences about how the words are used in the story. Introduce and discuss these important vocabulary words with the students. If you think these words or other words in the story warrant more time devoted to them, there are suggestions in the introduction for other vocabulary activities (page 5).

Palabra	Definición	Oración sobre el texto
convencer (c. 21)	cambiar la opinión de alguien	Opal **convence** al tímido Otis para que venga a la fiesta.
fantasía (c. 21)	adornado con pliegues y volantes	Opal y Gloria les pusieron palillos con adornos de **fantasía** a los sándwiches.
papel rizado (c. 21)	papel delgado y rugoso que se usa para la decoración	El jardín se ve encantador con el **papel rizado** y de colores colgado de los árboles.
desesperadamente (c. 21)	con gran urgencia	Opal desea **desesperadamente** que su mamá esté allí y que pueda asistir a la fiesta.
tambaleaba (c. 23)	se movía de un lado a otro como si fuera a caerse	La señorita Franny se **tambaleaba** con sus zapatos de tacón.
llovizna (c. 24)	una lluvia muy ligera	La lluvia amaina y se convierte en una **llovizna**.
fuerzas (c. 24)	valentía que te permite hacer algo que es peligroso, difícil o que da miedo	Por fin, Opal reune las **fuerzas** para preguntar al pastor si cree que volverá su madre.
encantamientos (c. 25)	una serie mágica de palabras que se dicen para supuestamente conseguir algo	Gloria convence a los niños Dewberry de que no es una bruja repleta de **encantamientos** y pociones.
pociones (c. 25)	líquidos que supuestamente tienen un efecto especial o mágico sobre alguien	Gloria convence a los niños Dewberry de que no es una bruja repleta de encantamientos y **pociones**.
leyendas (c. 25)	historias tradicionales que muchas personas creen pero que no son verdaderas	Amanda asegura que no existen las brujas, que no son más que **leyendas**.

Capítulos 21-26 Nombre _____ Fecha _____

Actividad del vocabulario

Instrucciones: Resuelve las adivinanzas a continuación.

Palabras del cuento

convencer	fantasía	papel rizado	desesperadamente	tambaleaba
llovizna	fuerzas	pociones	encantamientos	leyendas

1. Soy aquella que te moja un poquito.
   _____

2. Soy aquel que una bruja puede lanzar sobre ti.
   _____

3. Soy otra palabra para bambolearse.
   _____

4. Actúas así cuando sientes algo pronunciadamente.
   _____

5. Soy la acción que te persuade a hacer algo.
   _____

Instrucciones: Responde esta pregunta.

6. ¿Opal reune las **fuerzas** para hacerle qué pregunta al pastor?

_____

_____

Teacher Plans–Section 5
Chapters 21–26

Analyzing the Literature

Provided here are discussion questions you can use in small groups, with the whole class, or for written assignments. Each question is written at two levels so that you can choose the right question for each group of students. For each question, a few key points are provided for your reference as you discuss the book with students.

Story Element	Level 1 Questions for Students	Level 2 Questions for Students	Key Discussion Points
Character	Opal se sorprende cuando su padre, normalmente impasible, empieza a llorar. ¿Por qué llora él?	Opal y el pastor logran un gran avance mientras buscan a Winn-Dixie. ¿Cuáles son las dos cosas que dice el pastor, que Opal realmente necesita escuchar?	Opal accuses the preacher of having given up on her mama. The preacher tells her that he tried everything he could to make her mama stay. Then he begins to cry. He cries because he is sad about his wife and also worried about Winn-Dixie. His vulnerability gives Opal the courage to ask him whether he thinks her mama will ever come back. The preacher tells her that he does not think that will ever happen. Then he shows Opal some much-needed love when he hugs her tightly and adds, "Thank God your mama left me you."
Plot	¿Cómo se pierde Winn-Dixie durante la fiesta?	Opal se angustia cuando se da cuenta de que Winn-Dixie ha desaparecido. ¿Por qué está tan afectada?	A sudden thunderstorm interrupts the outdoor party. Everyone grabs items and runs into the house. Opal realizes that Winn-Dixie is gone when Gertrude squawks, "Dog." She has momentarily forgotten about him while trying to save the party. She is worried about his safety. She also feels guilty because she promised to keep him safe and protected during thunderstorms. She feels that she let Winn-Dixie down when he needed her.
Setting	Describe el escenario de la fiesta. Asegúrate de incluir detalles sobre las decoraciones y la comida.	¿Cómo cambia el escenario de la fiesta desde el principio de esta sección hasta el final del libro?	Gloria and Opal set up the party outside in Gloria's big yard in the evening. They put out egg-salad sandwiches and Dump Punch, and string pink, orange, and yellow crepe paper in the trees. Opal sets out paper bag luminaries that make the yard look like "a fairyland." Then a surprise thunderstorm comes in and soaks the decorations and food. Everyone runs inside. Eventually the party continues inside the house, where everyone gathers in the kitchen to enjoy Otis's music.

Capítulos 21-26

Nombre _____ Fecha _____

Reflexión del lector

Piensa

Piensa en cómo Winn-Dixie marca la diferencia en la vida de todos los personajes del pueblo de Naomi. Piensa en algunos ejemplos del libro.

Tema de escritura informativa/explicativa

Winn-Dixie cambia la vida de todos a los que conoce. Escribe acerca del efecto que tiene Winn-Dixie sobre las personas de Naomi. Asegúrate de incluir ejemplos específicos del libro.

Nombre _____ Fecha _____ **Capítulos 21-26**

Lectura enfocada guiada

Lee detenidamente la sección al principio del capítulo 21 que empieza con: "Después de convencer a Otis para que viniera...". Termina con: "...para que pudiera asistir a la fiesta".

Instrucciones: Piensa en estas preguntas. En los espacios, escribe ideas mientras piensas en las respuestas. Prepárate para compartir tus respuestas.

❶ Usa detalles del libro para describir cómo preparan Opal y Gloria los sándwiches de ensalada de huevo.

❷ ¿Qué evidencia del texto informa al lector que a Gloria le gusta Winn-Dixie?

❸ ¿Qué palabras usa Opal para describir cómo se siente su corazón cuando le da una mirada a los preparativos de la fiesta?

Capítulos 21-26   Nombre _____ Fecha _____

Relacionarse: parecido y diferente

Instrucciones: Elige un personaje de *Gracias a Winn-Dixie*. Completa el organizador gráfico para mostrar en qué se parecen y en qué se diferencian el personaje y tú. Haz un dibujo del personaje y de ti en las primeras dos casillas.

Personaje de *Gracias a Winn-Dixie*	**Tú**

¿En qué se parecen?	**¿En qué se diferencian?**

Nombre _____ Fecha _____   **Capítulos 21-26**

Aprendizaje del lenguaje: posesivo

Instrucciones: Vuelve a escribir cada frase usando el posesivo. La primera ya se ha hecho como ayuda.

> ### ¡Pistas del lenguaje!
> - El posesivo es una palabra que muestra pertenencia o posesión.
> - Por ejemplo, Winn-Dixie es el perro *de* Opal. Winn-Dixie es el perro que pertenece a Opal.

1. el jardín que pertenece a Gloria Dump

   el jardín de Gloria Dump

2. la guitarra que pertenece a Otis

   _____

3. el libro que lleva Amanda

   _____

4. la bicicleta en la que anda Dunlap

   _____

5. la sonrisa que pertenece a Winn-Dixie

   _____

6. los zapatos que lleva la señorita Franny

   _____

Capítulos 21-26 Nombre _____ Fecha _____

Elementos del texto: personaje

Instrucciones: Opal menciona a Amanda Wilkinson y los hermanos Dewberry muchas veces en el cuento. Al principio, le desagradan, según las observaciones breves que hace ella. Sin embargo, al final del cuento, Opal se hace amiga de Amanda, Dunlap y Stevie. Se da cuenta de que sus primeras impresiones eran equivocadas.

Imagina que eres Amanda o Dunlap. Cuenta cómo te sientes al ser invitado a una fiesta. Explica por qué te sientes emocionado, nervioso o con curiosidad acerca de la fiesta. Incluye detalles que demuestren tu personalidad o tu punto de vista, los cuales son distintos a los de Opal.

_____
_____
_____
_____
_____
_____
_____
_____
_____
_____

Nombre _____ Fecha _____

Capítulos 21-26

Elementos del texto: escenario

Instrucciones: Haz un dibujo de la fiesta de Opal y Gloria Dump. En la imagen, asegúrate de incluir rótulos y detalles sobre las decoraciones, la comida y los invitados de la fiesta.

Capítulos 21-26 Nombre _____ Fecha _____

Elementos del texto: trama

Instrucciones: Elige diez acontecimientos importantes que suceden en el cuento. Escríbelos en el orden en que ocurrieron en las siguientes casillas. Recórtalas y mézclalas. Dáselas a un amigo para que las ponga en orden cronológico.

Nombre _____ Fecha _____

Actividades de la poslectura

Poslectura: pensamientos sobre el tema

Instrucciones: Elige un personaje principal de *Gracias a Winn-Dixie*. Imagina que eres ese personaje. Dibuja una carita feliz o una carita triste para mostrar qué pensaría el personaje sobre cada afirmación. Luego, usa palabras para aclarar el dibujo.

El personaje que elegí: _____

Afirmación	¿Qué piensa el personaje? 😊 ☹	¿Por qué piensa de esta manera el personaje?
Nunca se sabe quién podría convertirse en amigo.		
Crecer y madurar es difícil.		
Estima a todos mientras los tengas.		
No deberías juzgar a las personas de manera impulsiva.		

Actividades de la poslectura

Nombre _____ Fecha _____

Actividad culminante: la importancia de los personajes

Instrucciones: Elige una de las siguientes actividades para completarla.

- Opal le pide al pastor que le cuente diez cosas sobre su mamá. Luego, Opal hace una lista de diez cosas que sabe sobre Winn-Dixie cuando desaparece durante la tormenta. Haz una lista de diez cosas que aprendiste del libro *Gracias a Winn-Dixie*.

- Elige una escena del libro para representarla. Escribe un guion corto para la escena que elegiste. Asegúrate de asignar los personaje y obtener utilería para que la obra cobre vida.

- Decide cuál es tu personaje favorito del cuento y crea una silueta de él de tamaño real usando cartulina. Haz una lista de diez rasgos únicos del personaje y recórtalos. Pega las diez cosas sobre la silueta de tamaño real.

Nombre _____ Fecha _____

Actividades de la poslectura

Actividad culminante: planear una fiesta

Instrucciones: Opal decide dar una fiesta para reunir a todos sus nuevos amigos. Gloria Dump le ayuda a realizar la fiesta. Imagina que vas a dar una fiesta y que puedes hacerla como quieras.

¿A quién invitarías?

_____

_____

_____

¿En qué lugar tendría lugar la fiesta?

_____

¿Qué tipo de comida ofrecerías?

_____

_____

_____

¿Cómo serían las decoraciones?

_____

_____

¿Qué actividades se planificarían? ¿Quién se encargaría de ellas?

_____

_____

Actividades de la poslectura

Nombre _____ Fecha _____

Evaluación de la comprensión

Instrucciones: Llena la burbuja de la mejor respuesta para cada pregunta.

Sección 1

1. ¿Qué argumento le da Opal al pastor de por qué ella piensa que él le debería decir diez cosas sobre su mamá?

   (A) "Me parece que también el pastor piensa en mi mamá todo el tiempo".

   (B) "No me habla nunca de ella".

   (C) "Tengo diez años".

   (D) "Tengo miedo de que se enfade conmigo".

Sección 2

2. ¿Por qué Opal se ofrece a trabajar en Animales de Compañía Gertrudis?

   (E) Adora los animales.

   (F) Le gusta el aseo.

   (G) Quiere una nueva mascota.

   (H) Quiere ganar dinero para comprar la correa y el collar.

Sección 3

3. ¿Qué idea se le ocurre a Opal para devolver a los animales a sus jaulas?

   (A) "¡Toca un poco más, Otis!".

   (B) "Otis y yo corrimos de un sitio para otro..., chocando el uno contra el otro y tropezándonos con los animales".

   (C) "Pero qué tontería estamos haciendo".

   (D) "Me da pena que estén encerrados todo el rato".

Nombre _____ Fecha _____

Actividades de la poslectura

Reflexión sobre la literatura: el verano de Winn-Dixie *(cont.)*

1. ¿Cuál es la lección más importante que aprende Opal ese verano?

   _____
   _____
   _____
   _____

2. ¿Qué crees que es lo que Opal adora más acerca de Winn-Dixie?

   _____
   _____
   _____
   _____

3. ¿Qué aprendiste acerca de Opal a causa de su amistad con Winn-Dixie?

   _____
   _____
   _____
   _____

Actividades de la poslectura

Nombre _____ Fecha _____

Pauta: Reflexión sobre la literatura

Instrucciones: Use esta pauta para evaluar las respuestas de los estudiantes.

Gran trabajo	Bien hecho	Sigue intentándolo
☐ Contestaste las tres preguntas de manera completa. Incluiste muchos detalles.	☐ Contestaste las tres preguntas.	☐ No contestaste las tres preguntas.
☐ Tu caligrafía es fácil de leer. No hay errores de ortografía.	☐ Podrías mejorar tu caligrafía. Hay algunos errores de ortografía.	☐ Te caligrafía no se puede leer muy fácilmente. Hay muchos errores de ortografía.
☐ Tu carta es interesante y está bien escrita.	☐ Tu carta tiene partes interesantes y están bien escritas.	☐ Tu carta no es muy interesante ni está bien escrita.
☐ La creatividad es evidente tanto en la carta como en las respuestas.	☐ La creatividad es evidente en la carta o en las respuestas.	☐ No hay mucha creatividad ni en la carta ni en las respuestas.

Comentarios del maestro: _____

_____

_____

Answer Key

The responses provided here are just examples of what students may answer. Many accurate responses are possible for the questions throughout this unit.

Vocabulary Activity—Section 1: Capítulos 1–5 (page 15)

1. Winn-Dixie es flacucho, tiene zonas calvas, cojea al caminar y apesta. Es obvio que nadie lo cuida y que es un perro **abandonado**.

Guided Close Reading—Section 1: Capítulos 1–5 (page 18)

1. El papá de Opal pasa muchísimo tiempo rezando o preparando los sermones o preparándose para rezar que Opal lo considera como "el pastor", no "mi papá".
2. El pastor fue misionero en la India y de ahí viene su nombre de pila. Pero su papá la llama por su segundo nombre, Opal, porque ese era el nombre de su madre y él la quería mucho.
3. "perro sufriente", "apestaba", "cojeaba" y "un perro muy feo"

Language Learning—Section 1: Capítulos 1–5 (page 20)

The chart should be filled in with examples of sensory details that are appropriate for each of the five senses.

Vocabulary Activity—Section 2: Capítulos 6–10 (page 24)

- vanidosa—arrogante
- peculiar—inusual
- estupendo—formidable
- collar—alzacuello
- cobayas—roedores
- plan de financiación—crédito de una tienda
- irritante—molesto
- nudillo—articulación

1. Opal sugiere un **plan de financiación** porque el collar y la correa que quiere comprar son caros y no tiene suficiente dinero de su asignación.

Guided Close Reading—Section 2: Capítulos 6–10 (page 27)

1. La señorita Franny describe el olor como "un olor muy peculiar" y "un olor muy fuerte".
2. La señorita Franny dice que el oso era tres o cuatro veces el tamaño de Winn-Dixie.
3. La señorita Franny arroja el libro que está leyendo, *Guerra y Paz*, "un libro pero que muy gordo".

Vocabulary Activity—Section 3: Capítulos 11–15 (page 33)

Horizontal
1. velocidad
3. costumbre
6. trotando

Vertical
2. ignorantes
4. encantador
5. sonrojó

Guided Close Reading—Section 3: Capítulos 11–15 (page 36)

1. A Opal le preocupa que Winn-Dixie se apropie del ventilador y que el ventilador lo deje calvo.
2. "Winn-Dixie se levantaba de su sitio frente al ventilador y se sentaba exactamente al lado de la señorita Franny Block. Se sentaba muy erguido, protegiéndola..." y "...Winn-Dixie le lamía la mano".
3. Opal decide leerle a Gloria Dump un libro. Espera leérselo "lo suficientemente alto para mantener alejados a los fantasmas".

Language Learning—Section 3: Capítulos 11–15 (page 38)

The following parts of the sentences should be highlighted.

1. Winn-Dixie; una bola en una bolera; el pastor; el único bolo en pie
2. Winn-Dixie; una flecha
3. El perro; un gran trozo de alfombra marrón

Students should have two more examples of similes from the book.

Vocabulary Activity—Section 4: Capítulos 16–20 (page 43)

1. **fiebre tifoidea**
2. **arrestado**

Answer Key

3. **parásitos**
4. **melancolía**
5. Littmus W. Block hizo una **fortuna** al inventar la Pastilla Littmus. Era un caramelo que tenía sabor dulce y triste a la vez.

Guided Close Reading—Section 4: Capítulos 16–20 (page 46)

1. Gloria se ríe tan fuerte que tiene que sujetarse la dentadura postiza para que no se le salga de la boca. También tiene que enjugar los ojos con el bajo de su vestido.
2. Opal dice que Carson "tenía solo cinco años, la misma edad que Pastelito Thomas".
3. Opal dice que Amanda tiene una expresión amargada porque echa de menos a su hermano.

Making Connections—Section 4: Capítulos 16–20 (page 48)

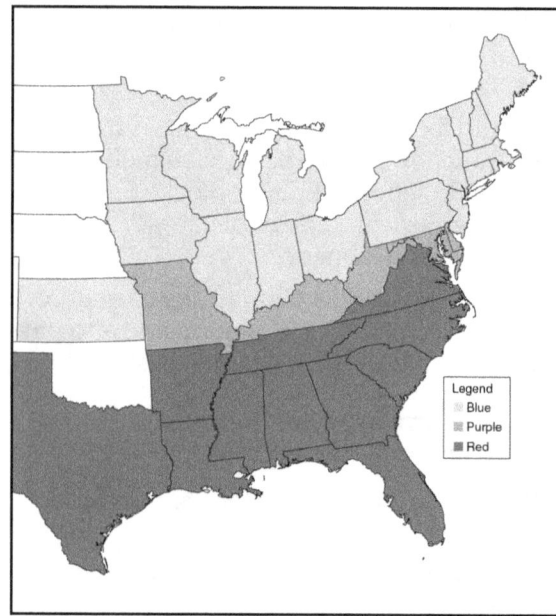

Language Learning—Section 4: Capítulos 16–20 (page 49)

- Sustantivos comunes: biblioteca, pastilla, edificio, guerra
- Sustantivos propios: Littmus W. Block, Fort Sumter, Amanda
- Sustantivos abstractos: diversión, melancolía, tristeza

Vocabulary Activity—Section 5: Capítulos 21–26 (page 54)

1. llovizna
2. encantamientos
3. tambaleaba
4. desesperadamente
5. convencer
6. Opal le pregunta al pastor si es que cree que volverá algún día su mamá. Tiene que reunir las **fuerzas** para hacerle la pregunta porque teme la respuesta y porque sabe que su papá evita hablar del asunto.

Guided Close Reading—Section 5: Capítulos 21–26 (page 57)

1. Cortaron los sándwiches en triángulo, les quitaron las cortezas y les pusieron pequeños palillos con adornos de fantasía.
2. Gloria le da a Winn-Dixie un sándwich de ensalada de huevo cuando cree que Opal no la mira.
3. Opal dice que sentía cosas muy raras, "como si tuviera el corazón hinchado y lleno".

Language Learning—Section 5: Capítulos 21–26 (page 59)

1. el jardín de Gloria Dump
2. la guitarra de Otis
3. el libro de Amanda
4. la bicicleta de Dunlap
5. la sonrisa de Winn-Dixie
6. los zapatos de la señorita Franny

Comprehension Assessment (pages 66–67)

1. C. "Tengo diez años".
2. H. Quiere ganar dinero para comprar la correa y el collar.
3. A. "¡Toca un poco más, Otis!".
4. Tanto Opal como Amanda pueden saborear la tristeza en las pastillas Littmus porque ambas niñas han tenido tristeza en sus vidas. Opal tuvo que mudarse de su casa y su madre la abandonó cuando era muy pequeña. El hermano menor de Amanda se ahogó y lo extraña.
5. F. Se esconde bajo la cama de Gloria Dump.

www.ingramcontent.com/pod-product-compliance
Lightning Source LLC
Chambersburg PA
CBHW080414300426
44113CB00015B/2519